素描潘天寿

蒼鷹松崖有勁骨秋花涇露蕋中石丰風白多觀飛瀑江湖夜泊聽暮鐘

辛卯夏日 李嵐清

百年巨匠 校园版

潘天寿

范迪安 主编
王京鑫
宋庆文 编著

山东美术出版社
济南

图书在版编目（ＣＩＰ）数据

百年巨匠：校园版．潘天寿／范迪安主编；王京鑫，宋庆文编著．－－济南：山东美术出版社，2022.5（2023.11重印）
　ISBN 978-7-5330-6479-2

　Ⅰ．①百… Ⅱ．①范…②王…③宋… Ⅲ．①潘天寿（1897-1971）－传记－青少年读物 Ⅳ．①K825.72-49

中国国家版本馆CIP数据核字(2018)第290696号

百年巨匠：校园版·潘天寿
BAINIAN JUJIANG XIAOYUANBAN PAN TIANSHOU

范迪安 主编　　王京鑫 宋庆文 编著

插　　画：老　墨

策　　划：李　晋
统　　筹：陈　蔚　张萌萌
责任编辑：张萌萌　刘丽娜
封面设计：王海涛
版式设计：陈　蔚　张萌萌

主管单位：山东出版传媒股份有限公司
出版发行：山东美术出版社
　　　　　济南市市中区舜耕路517号书苑广场（邮编：250003）
　　　　　http://www.sdmspub.com
　　　　　E-mail:sdmscbs@163.com
　　　　　电话：（0531）82098268　传真：（0531）82066185
　　　　　山东美术出版社发行部
　　　　　济南市市中区舜耕路517号书苑广场（邮编：250003）
　　　　　电话：（0531）86193028　86193029
制版印刷：山东新华印务有限公司
开　　本：787mm×1092mm　1/16
印　　张：6.5
字　　数：60千
版　　次：2022年5月第1版　2023年11月第2次印刷
定　　价：28.50元

编者的话

20世纪初，王国维、蔡元培、鲁迅等人就深刻地意识到了美育的重要性，并大力倡导和践行。蔡元培说："纯粹之美育，所以陶养吾人之感情，使有高尚纯洁之习惯，而使人我之见、利己损人之思念，以渐消沮者也。"习近平强调指出："美术教育是美育的重要组成部分，对塑造美好心灵具有重要作用。"

然而，百余年来，中国的美育传承屡受冲击。随着中国的崛起，人们意识到，发展必须以创新为基础。艺术的核心价值就是创造力和想象力，以及对文化的认识、思考和理解，加强美育恰好顺应了中国发展的潮流，而了解中国自己的优秀文化，是其中尤为重要的部分。

《百年巨匠》（校园版）所收录的艺术家、文学家，都是近百年来中国文化艺术的高峰。他们有着深厚的文化艺术造诣，或承古开今，或融汇中西，同时也与国家、社会、民族同呼吸，共命运，紧贴时代和人民。他们是美育的标杆和范本。

《百年巨匠》（校园版）以生动活泼的语言、丰富有趣的体例设置、图文并茂的内容，引导小读者们领略这些文化巨匠的人格魅力，体会中国文化艺术的精神内核，并由此树立正确的人生观和审美观念。

"弘扬中华美育精神，让祖国青年一代身心都健康成长。"希望这套书能够为中国的美育作一点儿贡献，让小读者们得到滋养。

目录

壹·植根传统

小荷才露尖尖角　2
1. 因为画画被打手心　2
2. "石头就是我自家呀！"　5
3. 我特殊的老师《芥子园画谱》　10
4. 用手指头画画　12

贰·风华正茂

第一章　梅花香自苦寒来　20
1. 美丽的西湖边　20
2. 老师李叔同　21
3. 回到家乡，努力画画　26

第二章　上海大世界　30
1. 震撼的第一堂课　30
2. 抱着字画去拜师　34
3. 吴昌硕和我　35

叁·中流砥柱

第一章　平静的西湖　42
1. 再遇西湖　42
2. 只有两个人的课堂　44
3. 我的好朋友李苦禅　46

第二章　飘摇中的创新　52
1. 坚持做我自己　52
2. 甜的和酸的　54
3. 爬了好多山，画了好多画　60

第三章　涧底起高山　65
1. 不画画的画家在做什么呢　65
2. 雁荡山，难忘的一天　68

第四章　一味霸悍　74
1. 一场成功的教育改革　74
2. 我终于成功啦　76

第五章　"超人"潘天寿　81
1. 以指代笔　81
2. 天天写字　83
3. 一个大诗人　88
4. 古拙沉雄"潘天寿印"　90
5. 人生中的寒冬　93

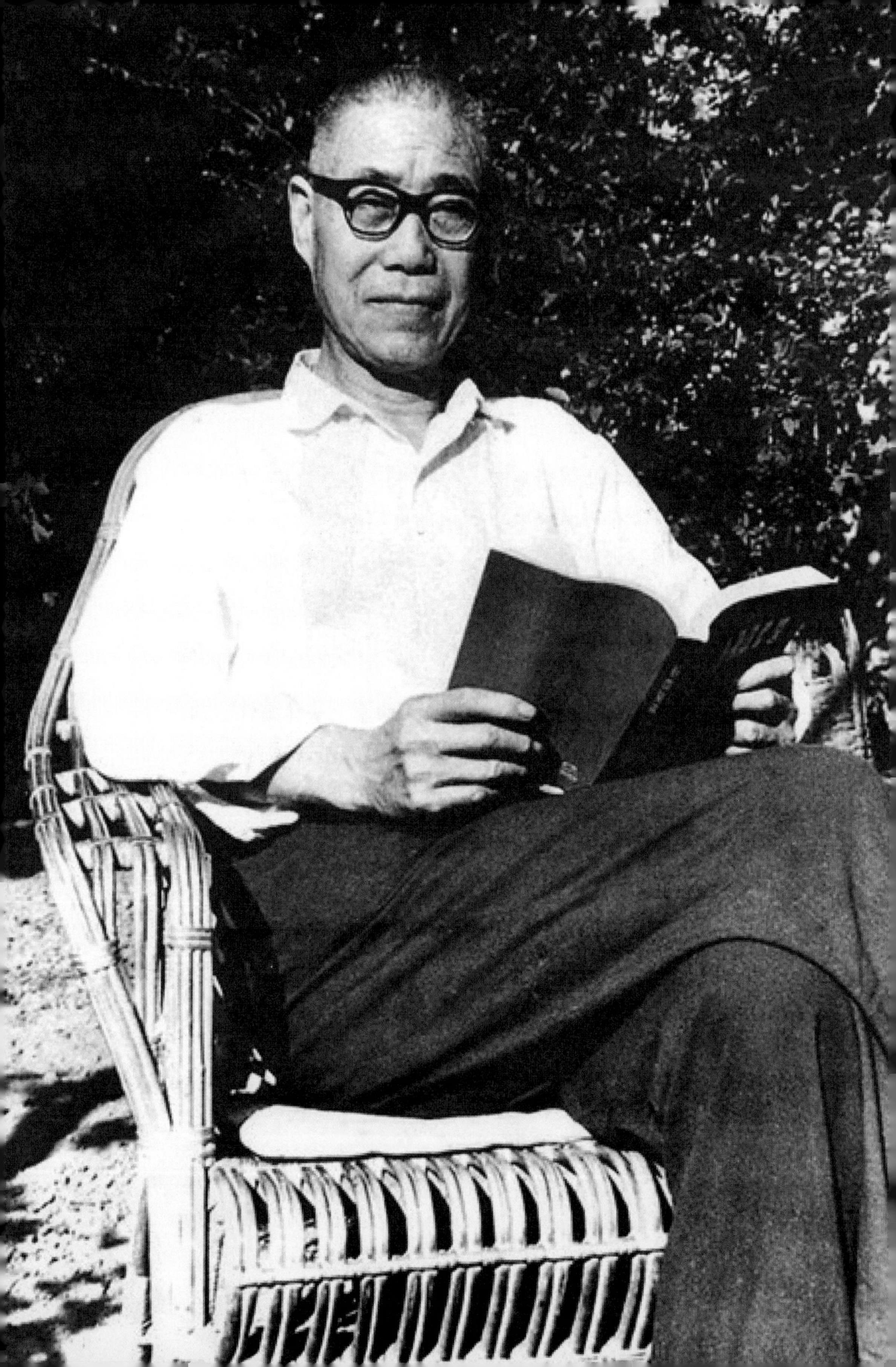

壹·植根传统

由于历史的局限，同时潘天寿的家乡比较偏远，家境困难，他只能靠一本《芥子园画谱》作为范本，日日临摹，废寝忘食，独自摸索。这个过程中的艰苦，是我们很难想象和体会的。他常说自己不是科班出身，因学习条件所限，在美术界只是一个"票友"。然而，许多老一辈有成就的画家，大都是沿着这条自学的道路走过来的。潘天寿的艺术道路也不例外。

他自从14岁在小学念书时起，就爱上了图画，并与之结下了不解之缘。这位个性倔强的年轻人，开始对艺术着了迷，尽管没有老师指导，他仍执着地独自钻研。在乡间生活条件很差，他晚上靠一盏油灯照着读书、画画，每晚画到油尽灯熄才肯去休息。他越是钻进去研究就越觉得艺术天地广阔无垠，更加深刻体会到中华优秀传统文化的博大精深。他认定自己选择的这条道路是正确的，一定要下决心不惜一切代价向着选定的目标迈进。

小荷才露尖尖角

晚年的潘天寿常常对人说："我从14岁起就下定决心要做一个中国画家，《芥子园画谱》就是我的老师。"潘天寿从少年时期便踏上了中国传统绘画的研究学习之路，进入了他一直向往的艺术天地。

1. 因为画画被打手心

1897年3月14日（农历二月十二日），潘天寿出生于浙江宁波宁海县一个群山环绕的名叫冠庄的村子。

农历二月十二日是传说中的花朝节，花是美丽的象征，这是不是预示着一个伟大的艺术家的到来呢？

1898年，也就是潘天寿出生的第二年，他的父亲潘秉璋考中了秀才。在他们宗族中，这是一件十分荣耀的事情。考中秀才，就是有了功名，就与普通百姓不一样了。这不仅能够免除部分徭役，还有一些普通百姓没有的特权。潘天寿的母亲周氏是当地一位举人的女儿，擅长做女红和手工，绣花、剪纸的底样都是自己描绘的。她发现年幼的儿子颇有绘画的天分，总是愿意依在她的身边，看她描描画画，乐此不疲。

潘天寿7岁的时候，一场早已注定的灾难提前结束了他快乐的童年。这一年在宁海发生了"宁海教案"，这是义和团运动期间在浙江爆发的规模最大、时间最长的一次反洋教起义，而领导人正是跟潘天寿的父亲同年同榜的秀才——王锡桐。义军路过他们村子时，潘天寿的父亲设宴款待了他们。义军失败后，潘父受到牵连。虽然潘父没有被判罪名，但是潘天寿的母亲因为产后身体虚弱加上受到惊吓，一下子病倒，不久就去世了。这对小小的潘天寿产生了极大影响。

母亲去世后，7岁的潘天寿不久就被父亲送到村子里开设的私塾里念书。清朝末年私塾学习的主要知识是儒家经典和传统礼仪规范。学习的课本有《三字经》《百家姓》《千家诗》《说文解字》《古文观止》等。为了让学生牢记这些典籍，私塾的先生除了一字一句地给他们讲解是什么意思，还要求学生对所教内容一律背诵。粗心或调皮的学生则会遭到先生严厉的责罚。按照先生的要求，潘天寿每天背书写字，天资聪颖的他也很刻苦用功，他的勤奋好学令先生刮目相看。

潘天寿是一个朴实懂事的孩子，他私下练习写字的时候，不用墨写，而是蘸水在土纸上写字，再将用水写过的土纸晾晒，等晾干后再在上面蘸水写字。只有让老师看时，潘天寿才会改用墨写字。因为知道家里的情况，潘天寿从一点一滴的小事做起，为不善经营的父亲节省开支。

在私塾里唯一与艺术有联系的是练字。枯燥的学习，让潘天寿感到很无聊，他开始随手在小纸片上画小人、花、鸟，画他喜欢的一切。后来他偷偷地在课余时间去临摹他父亲书柜里那些常年不看的小说的绣像——

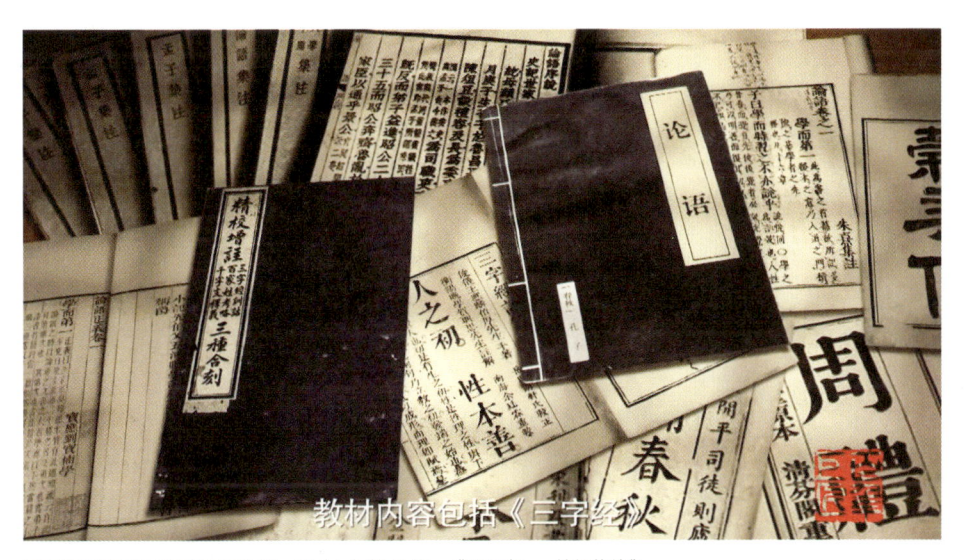

教材内容包括《三字经》

画面取自纪录片《百年巨匠》第一季（上）第13集：《潘天寿——植根传统》

《水浒传》《三国演义》等。他用画笔描绘出了神机妙算的诸葛亮、浑身是胆的赵子龙，以及打虎的武松等生动的形象。他画得很好，很快便在小伙伴中出了名，有的孩子特意给潘天寿土纸要他给他们画。这些潘天寿从小就崇拜的英雄人物，不仅影响了他的人品，而且为他的画品奠定了基础，给他种下了艺术的幼苗。

绣像

明朝以后在小说的前面，会带有书中人物的图像。图像用线条勾画描绘，画得很精致，被称为"绣像"。

画面取自纪录片《百年巨匠》第一季（上）第13集：《潘天寿——植根传统》

不久，他画画的事被先生知道了。先生非常生气，为此还打了他的手心，并把这件事情告诉了他的父亲。两人都不准潘天寿再因为画画耽误学业。但潘天寿并没有放弃画画，一有空闲时间就偷偷地画画。

问题来啦！

为什么潘天寿会被先生打手心呢？

A. 因为先生担心潘天寿画画会耽误学业。
B. 因为潘天寿上课画画被老师知道了。
C. 因为潘天寿画的画非常好。
D. 因为潘天寿偷偷去爬山。

我选（　　）

2. "石头就是我自家呀！"

当潘天寿在私塾里苦读传统经典时，外面的世界正在发生翻天覆地的变革。袁世凯、张之洞在明治维新的影响下，主张变革图强，上奏朝廷，请求废科举，推行西式学堂。不久清政府宣布从当年起停止各级考试，制定新的教育体系和人才选拔机制。

潘天寿的父亲明确地看到了新式教育的优势，于是，将已经读了7年私塾的潘天寿送到宁海县城的新式小学。那一年，潘天寿已经14岁了。

这时候，出现在潘天寿眼前的是一个完全陌生的世界。新学生、新军人、新商人，一切皆被冠以"新"字。学堂里开设的物理、化学、算术等西式课程，他都是第一次见到。

在班上，比同学大七八岁的潘天寿与那些整日追逐嬉戏、吵吵闹闹的小朋友毫无共同语言。潘天寿的内心第一次感到孤独。这个时候，他只能把全部的精力都放在学习新的知识上。很快，他各门功课的成绩都在班中名列前茅。

我倒是和山水交上了朋友

画面取自纪录片《百年巨匠》第一季（上）第13集：《潘天寿——植根传统》

努力学习新的课程，并不能使他内心的孤独完全消失。那个时候的潘天寿喜欢自己一个人去野地里，对着山看半天，对着水看半天。到最后，他和山水、花草、树木都交上了朋友。有时候，潘天寿一个人坐在那里自言自语，同学们说他是在跟石头说话，而潘天寿则回答说："石头就是我自家呀！"艺术大师石涛就曾经说过"山川使予代山川而言也，山川脱胎于予也，予脱胎于山川也""山川与予神遇而迹化也"。潘天寿就像雷婆头峰上一块坚硬突兀、朴实无华的奇特巨石，这块"巨石"也成为他后来人品和艺术风格的象征。

霜天暮钟　潘天寿 33cm×40cm 1931年 纸本设色

石头就是我

　　来到了新式学堂的潘天寿与学堂里的其他同学毫无共同语言，那时的他总喜欢坐在山水间自言自语，同学们以为潘天寿在跟石头说话，潘天寿则回答说："石头就是我自家呀！"

扩展阅读 祖国的大好河山之雷婆头峰

大多数研究潘天寿生平的文章,都提到了他的出生地宁海冠庄村西的雷婆头峰。雷婆头峰处于天台山的支脉,这条支脉在冠庄西边连绵起伏,有9座山峰较高,当地人称九连峰。九连峰中最高的是牌位山,高约360米,离冠庄也最近,其中雷婆头峰地理位置最重要,是去宁海县城的必经之路。《宁海县地名志》中记载了一个美丽的传说:在很久以前,冠庄村九泡龙潭有九龙作怪,年年洪水泛滥,这一带的村庄深受其害。在天庭的雷婆知道这件事情后,就到凡间镇住了九龙。从此冠庄一带年年风调雨顺、五谷丰登。后来玉帝知道了雷婆私自下凡的事情,很生气,并令雷婆返回天庭。雷婆不忍心抛下苦难的百姓,拒绝回归天庭。玉帝就命托塔天王在雷婆头上压上一座石塔,让她永远做一个山野村婆,后来雷婆化成了山顶的一座山峰。于是后人称之为雷婆头峰,也称雷婆婆峰。

雷婆头峰的景色主要是雾和石。由于近海,水气足,所以雷婆头峰常有浓雾笼罩,山峰在雾气中变化多端,给人以深刻印象。虽然山上有丰茂的绿色植被,但山石很突兀,崖壁陡峭,有夺人心魄之感。

潘天寿很喜欢雷婆头峰,特别是50岁以后,作画常常要题"雷婆头峰寿者",这不是一般的家乡情结。这座美丽的山峰给了潘天寿以丰富的艺术营养,在潘天寿的艺术世界里占据了重要的位置。

雷婆头峰

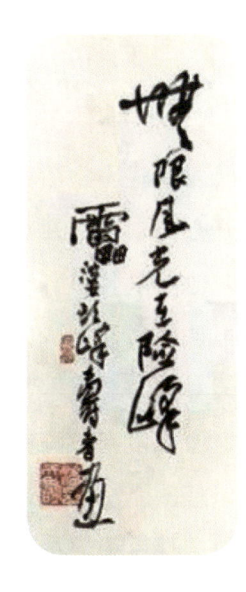

无限风光
潘天寿 361cm×152cm 1963年 纸本设色

3. 我特殊的老师《芥子园画谱》

转入新式小学后,潘天寿最为开心的事情是初小开设绘画课,他可以名正言顺地画画了。但是绘画课太少,满足不了潘天寿内心对艺术的渴求。为此,他常常到裱画铺去看字画。但是,因没有人能在绘画上对他进行系统的指导而让他感到一丝苦恼。

一天,潘天寿像往常一样在空闲时间到书铺看书,在老板收来的废旧书堆里,一本残缺不全的《芥子园画谱》出现在他的眼前。为了凑够买书的钱,潘天寿让铺子里的伙计一直给他留着。最终他省吃俭用三个月凑齐了钱,将《芥子园画谱》买回家。他如获至宝一般,一页页地细细品读。

潘天寿废寝忘食地临摹练习,甚至放了假都不回家,直到他的父亲进城到学校来找他。跟父亲回到家以后,潘天寿白天做完农活,一有空闲时间便醉心于那本破旧的《芥子园画谱》。晚上回家吃完晚饭后,他又继续专注于那本书。潘秉璋在看到潘天寿这样努力地学习后,就不再反对潘天寿画画了。

晚年的潘天寿常常对人说:"我从14岁起就下定决心要做一个中国画家,《芥子园画谱》就是我的老师。"从这个时候开始,潘天寿才算是找到了艺术道路上的启蒙老师,获得了系统的中国画入门知识,踏上了中国传统绘画的研究学习之路,进入他一直向往的一方天地之中。

《芥子园画谱》

文人画的普及读本。主要讲解文人山水画怎么画,梅兰竹菊怎么画。具体又细分为石头怎么画、竹叶怎么画、竹竿怎么画、兰草怎么交叉、树木怎么画、石头有哪些皴法等,便于习画者学习和掌握。

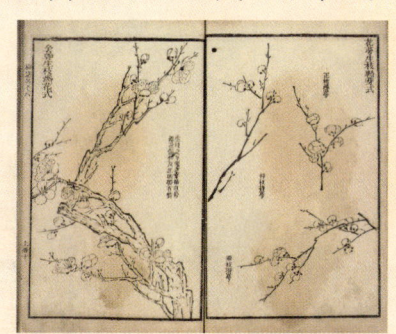

《芥子园画谱》梅花画法

游戏时间

这就是潘天寿先生上小学时临摹练习的《芥子园画谱》。让我们拿起毛笔一起来画一下吧！

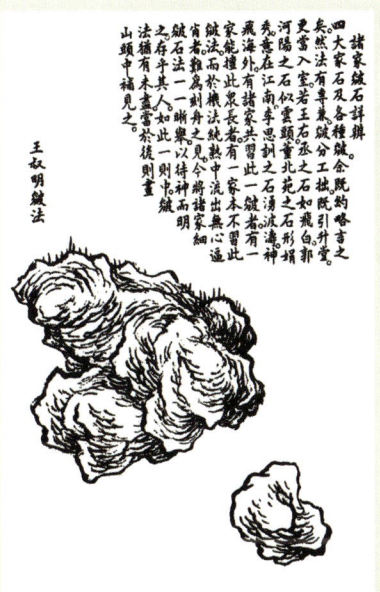

4. 用手指头画画

读完初小，16岁的潘天寿转入城西以明代名儒方孝孺的名字命名的正学高等小学（洪武二十五年蜀献王特聘方孝孺为世子之师，并为其读书处题额"正学"，时人遂尊称方孝孺为"方正学"）。在当时，那是宁海的最高学府。

在这里，潘天寿依然天天画他的画。一次上数理课，潘天寿悄悄地在作业纸上画起画来，就连老师站在他的身后都没有发觉。结果，老师没收了潘天寿的画笔。下课后，想要继续画画的潘天寿情急之下直接用手指蘸起墨来画。后来，他想到了家住黄坛的外祖父曾经带他拜访过一位老艺人——严远轩，严远轩很擅长画指墨画。潘天寿就去央求外祖父再带他去拜访严远轩。严远轩老先生看过潘天寿的指墨画作品后很是赞赏，还给予他悉心的指导。就这样，潘天寿在无意中学会了指墨画。

指墨画

又叫指头画，就是用手指代替画笔来画画。在画画时，用指头、指甲蘸墨水或颜色，在纸或绢上画画。

问题来啦！

潘天寿为什么用手指头画画呢？

A. 老师没收了他的画笔。
B. 他非常喜欢用手指头画画。
C. 因为毛笔太软了，画不出他想要的效果。
D. 因为他不喜欢用毛笔画画。

我选（　　）

扩展阅读

指墨画与潘天寿

相传唐代画家张璪作松石，"惟用秃笔成，或以手摸绢素"（《历代名画记》），这是关于指画最早的记载。明代"指头画"重新萌发，据画史资料载，清初画家吴文炜，有指墨画作品《花卉图》留存于世。清初画家李山以指代笔作《芦雁图》，尽得天趣。最能代表清代指墨画成就者，要数清康熙年间的画家高其佩了。高其佩的指墨画，具有高超的表现功力，表现人物、花鸟、花草都得心应手，一挥而成，所画物象神完气足。他画的《人物册页》（上海博物馆藏）中，画一老者读经，人物刻画精细，神态逼真，生动传神。

潘天寿深受高其佩的影响，通过在"常"与"变"的艺术创作道路上苦苦探索，最终成为开拓、创新指墨画的一代大家。正因为自己面前有高其佩这样一座指墨画的"大山"，所以潘天寿下定决心，一定要逾越这座"大山"。

他经常在自己的指墨画上题"拟高铁岭""有忆高铁岭且园"之类的款，意存逾越。他还多次说："予作指画，每拟高其佩而不同，拟而不同，斯谓之拟耳。"不管是大幅巨制，还是盈尺小品，他都是倾其全力，苦思冥想，一丝不苟地进行创作。

他深知"有常必有变"的道理，虽然"常"易"变"难，但是变革越难，他越要往前走，尽管他谦虚地称自己是"钝根"之人用钝办法变革。

潘天寿以自己刻苦实践的经历告诉学习指墨画的人，一定要在运用毛笔作画方面打下扎实的基础后，再学指墨画，就是那样也要循序渐进，不要只是想着指墨画"新奇"，可以取巧、"炫世"。

潘天寿在画指墨画

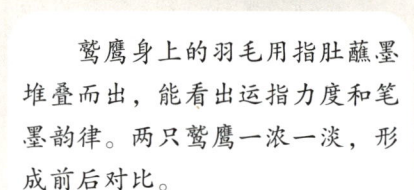

鹫鹰身上的羽毛用指肚蘸墨堆叠而出，能看出运指力度和笔墨韵律。两只鹫鹰一浓一淡，形成前后对比。

石上的小草，可见以指甲勾出细线，显得瘦硬灵动。这与石头用墨的粗犷形成强烈对比。

小憩 潘天寿 224cm×105cm 1954年 纸本设色

对于毛笔和指头之间的关系，潘天寿说："要想在指头画上有所成就，必须先认真学习毛笔画，如果不在毛笔画上扎下稳固的基础，而错误地认为指头画新奇，或者以为用指头来画可以取巧，可以来好奇炫世，不愿在毛笔画上下苦功，这是不对的。而且有了毛笔画的基础，还得对指头画有个循序渐进的学习过程。学无偷巧，必须踏踏实实，才能更多更好地创作指头画，绽放出这朵美丽的花。"

指墨画步骤

1. 先用指甲配合指肚蘸淡墨画出石头的大体形状。墨色宜淡、干涩。

2. 蘸稍重的墨，用指背画出石头的转折处，要干脆利落，切忌过圆。再用指肚蘸淡墨点染石头转折处。

3. 用手掌侧面皴石头，墨色宜淡且干涩。手掌蘸淡墨画出大面积树叶。

4. 指肚蘸重墨继续点染石头；手指侧用蘸中墨画出树叶。

5. 待墨干后，用手掌蘸稍重的赭石色，按石头的走势铺色。

6. 调整。颜色干后再施以淡赭色；调整石头上的皴点及树叶，注意浓淡变化。

烟雨蛙声图　潘天寿　68cm×135cm　1948年　纸本设色

同学们，你们看，这里有潘天寿题写的"指墨"。

这就是指墨痕迹哟！

游戏时间

右面这幅画《雨中荷》是潘天寿最具代表性的指墨画作品之一。你也试着用手指画画身边的景色吧！

雨中荷 潘天寿 59.4cm × 52.2cm
20 世纪 60 年代 纸本设色

贰·风华正茂

"宝剑锋从磨砺出,梅花香自苦寒来。"不经过千锤百炼,宝剑的锋芒不利;不饱受风雪苦寒,梅花的香气不清。不怕苦,才能尝到甜头。这时的潘天寿的确已尝到甜头。潘天寿自1923年到上海以来,一方面受到吴昌硕的器重,得以亲聆教诲,增广见闻;另一方面又受聘于上海美术专科学校,担任国画教席。这是出乎他意料的。一个来自农村的自学青年,没有什么大学毕业文凭和高等教育资历,居然能站在美术专科学校的讲台上,这种惊喜的心情,是不言而喻的。但他不仅不敢以此自满,反而更刻苦自励。潘天寿的成功经验,也是唯一的秘诀,就是不怕难,不怕苦,用顽强的毅力,向艺术的高峰攀登。正如他说的:

"学习艺事,重在刻苦努力,而目光设想,均须远大,不斤斤于目前之得失,不徨徨各方面之倚靠,方能达于成功。此为从事学问之秘诀。"

第一章
梅花香自苦寒来

潘天寿以优异的成绩从正学高等小学毕业，可因为家庭的困顿无法继续读书，只能回家务农。机缘巧合下，潘天寿来到浙江的一所学校读书，而让他兴奋的是这里居然有自己从小就喜欢的美术课。

1. 美丽的西湖边

1915年，潘天寿以优异的成绩从正学高等小学毕业。潘天寿回家后，父亲把他叫到房间，说了一件很沉重的事情，也是一件没有办法的事情。父亲说，家里已经承担不起他的学费，他没有办法继续读书了。那一年，潘天寿18岁。

原来，这个时候的潘家，家境已大不如前。虽然潘天寿的父亲是乡长，还被选为县参议员，但是在治家方面并不擅长。继母又生了三个孩子，经济负担一下子加重。潘父再三考虑，最终决定让潘天寿回乡务农。回到家乡的潘天寿，除了帮忙干些地里的杂活，还要上山放牛。那时候，他经常独自一人爬上雷头婆峰，眺望着山外的世界，沉思良久。

正学高等小学的老师在这个时候带来了一个好消息，浙江省立第一师范学校（简称"浙江一师"）正在招生，这个学校是官费，住宿与伙食费也可以免去。本来就心存内疚的潘父，当时就跟潘天寿说："如果考得好就继续读书，考不好就回来务农。"

这一年的6月份，潘天寿怀揣着改变命运的强烈愿望，带着父亲艰难凑齐的路费，踏上了实现梦想的征程。为了省钱，潘天寿没有乘坐最方便、最快捷的小客轮，而是走了100公里路到宁波坐火车，到曹娥下车。那个时候，曹娥到杭州不通火车。他又走了100多公里路，最终到达杭州。

潘天寿不负众望，从全省1200多名考生中脱颖而出，以策论第一、总分第二的成绩被录取。

浙江省立第一师范学校

2. 老师李叔同

1915年，浙江省立第一师范学校的校长是从日本留学归来、在全国教育界有很高声望的教育家——经亨颐先生。

浙江一师开设了教育、国文、英文、算术、物理等众多科目。这些课程，对于上过新式学堂的潘天寿来说，都在意料之中。但他完全没有想到，课程表里居然有一门自己从小就十分喜欢的美术课。更让他兴奋的是，任课老师竟然是留日归来，精通音乐、美术的一代才子——李叔同。

然而，当潘天寿怀着无比期待的心情走进教室，上第一节美术课时，他很失望。

经亨颐

中华民国时期著名的教育家、书画家。日本留学归来后，致力于民主主义的教育事业。先后担任浙江官立两级师范学堂、浙江省立第一师范学校校长。

毕业自画像 李叔同
60.6cm × 45.5cm 1911年 油画

教室里并没有潘天寿所熟悉的宣纸和毛笔，取而代之的是铅笔、速写纸和画架。李叔同将学生们分为五人一组，对着一片枫叶做素描写生练习，要求画出枫叶的体积和明暗关系。潘天寿并没有按照老师的要求去做，而是拿起铅笔，用从《芥子园画谱》中学来的传统国画的植物表现方法，勾勒出了一片他眼中的枫叶。对此，李叔同只是摇了摇头，并没有说什么。然而，课堂作业打分的时候，潘天寿只勉强得到了60分。

下了美术课后，潘天寿拿着早已准备好的一摞国画和书法作品追上了老师，请他批评指点。国学功底深厚的李叔同一眼就看出，这个西画成绩不佳的学生，在传统绘画上却很有才气，而且已有相当的功力。于是，他破天荒地将潘天寿带回自己的宿舍，两人交谈了很久。

李叔同的教诲使潘天寿兴奋不已。从此，潘天寿把绝大多数的课余时间都用在对传统绘画和书法的研习上。同时，因为校长经亨颐精通书法篆刻，在李叔同的推荐下，潘天寿时常带着自己的篆刻作品请校长指点，并得到了他的赞许。

游戏时间

这是潘天寿刻的鸡形印。让我们动动手用太空泥做一枚动物印章吧！

扩展阅读

追随恩师

杭州西湖边上有一座始建于唐代的寺庙——虎跑寺。它的闻名不仅是因为寺内有一处世人皆知的虎跑泉，还因为100多年前，这里发生过一件令人匪夷所思的奇事。

1918年农历七月十三日的清晨，虎跑寺内香烟弥漫，在阵阵诵经声中，年仅39岁，学贯中西、声名显赫的大才子李叔同，在这里剃度出家，法号弘一。消息传开，震惊了整个中国文化艺术界。在人们种种难解的疑惑和莫名的感慨中，李叔同了断红尘，从此晨钟暮鼓，常伴青灯古佛。

然而，令静心禅修的弘一法师万万没想到的是，自己曾经教过的一个学生竟然踏入山门，恳求准许他皈依佛门，常伴左右。这个学生就是潘天寿。李叔同先生出家的事总是搅扰着潘天寿的思绪。虽说潘天寿也知道一些教义，但他仍旧对李先生的事想不明白。潘天寿开始读一些典籍，然而，他还是无法找到合理的答案。这使得潘天寿更加苦恼，而且这种苦恼持续了很长时间。几年后，他带着极大的困惑，独自前往虎跑寺找到李叔同，向他敬仰的老师说了自己想出家为僧追随先生的愿望。但是，

弘一法师

虎跑寺

弘一法师并不同意潘天寿出家，并送给他一副对联。直到潘天寿晚年，这副对联还挂在他的书房里，可见他对李叔同先生的怀念和敬重。

潘天寿虽然打消了出家为僧的念头，但是从此在他的作品中不断出现僧人形象。

李叔同

我国著名的音乐家、美术教育家、书法家、戏剧活动家。中国近代话剧的开拓者之一。从日本留学归国后，担任过教师、编辑等。后削发为僧，法号弘一，被人尊称为弘一法师。

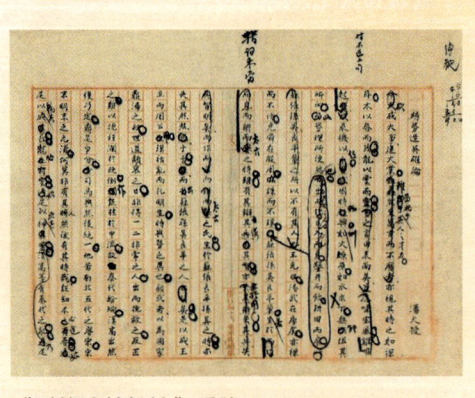

《时势造英雄论》手稿　潘天寿 1917年

潘天寿在1917年曾写过一篇文章，名为《时势造英雄论》。他在文章中谈到，"欲成大事，建大业，虽视于其人之才力，亦视其时之如何耳"，一个有才能的人，如果能够把握时代机遇，则能更好地成大事、建大业。

追随恩师

100多年前，学贯中西、声名显赫的大才子李叔同在杭州西湖边的虎跑寺落发出家，法号弘一。几年后，他当年的一名学生——潘天寿也想随师出家，但弘一法师没有同意，并送给潘天寿一副对联。虽然潘天寿出家的念头被打消了，但他对恩师永存感念。

3. 回到家乡，努力画画

时间飞逝，转眼潘天寿就面临毕业，他的内心很复杂，他非常想去一所专业的美术学校继续深造，但当时的教育部有明文规定：师范生毕业后，必须任教期满两年，才能另谋他业。

从浙江一师毕业后，潘天寿返回家乡，在自己的母校正学高等小学做了教员。他在学校教国文、算术和图画，这对从浙江一师毕业的高材生来说是很容易的。因不像做学生时每天都有不同的课程和作业，在做了老师后，潘天寿有充足的时间画画、写字、读书、治印。他每个月的工资有24元，每到发工资的时候，他都会先留出家用和自己的生活费，剩余的钱几乎都用在买书画用品上。

那时的潘天寿，要求自己每天画完一刀纸（一刀纸是100张）才可以睡觉。所以，他在房间的角落里特地放了一个大缸来放废纸，每隔两三天他就要清空一次。潘天寿对于自己在绘画艺术上的要求是十分严格的。

过了一年，也就是1922年，潘天寿应浙江一师同学的邀请，到孝丰县（今属浙江湖州安吉县）高等小学教书。孝丰县离杭州比较近，要比宁海繁华，同学也多。一个学期以后，潘天寿与精通书法的同学沈遂贞联合举办了一次书画展，展览非常成功。

这个时期，潘天寿的绘画水平有了很大的进步，他内心对外界的那种向往也变得更加强烈。在宁海教书时，他就曾写过一首七绝诗表达自己对更加广阔天地的期待："一灯人倦月弯弯，帘影朦胧独闭关。夜半吟魂飞铁马，漫天红雨艳沩山。"

潘天寿在拜访宁海徐扶九先生时，带去了自己的一些作品。徐先生曾是杭州之江文理学院的教务长，对书画很有研究。他对潘天寿的书画很是赞赏。出于对潘天寿的厚爱，老先生将潘天寿带来的《秃头僧》和《凌霄花》留下收藏。

秃头僧　潘天寿　94.8cm×172cm　1922年　纸本设色

　　《秃头僧》这幅画以寥寥数笔勾勒出一个老僧的侧面,他默默独坐直视香炉,像是在思考着什么。从这幅画可以看出当时的潘天寿用笔老练,在力度掌控上很有自信。

凌霄花　潘天寿　16.7cm×22.8cm　1958年　纸本设色

秋华湿露图　潘天寿　尺寸不详　1923年　纸本设色

行乞图　潘天寿　140cm×38.7cm　1924年　纸本设色　　　竹　潘天寿　86.5cm×40cm　1924年　纸本水墨

第二章 上海大世界

阔别几年，潘天寿又回到了杭州，此时的潘天寿不再是从前的那个穷学生，而是大名鼎鼎的美术专科学校教授。

1. 震撼的第一堂课

1923年，26岁的潘天寿经由浙江一师生物老师王淮君的介绍，到上海民国女子工艺学校教书，教的是图画和算学。潘天寿把其对于绘画的热爱和追求也一并带到上海。他依然像以前那样刻苦用功，从不懈息。与之前不同的是，在上海他可以看到许多书画展览，志同道合的朋友也很多。

在朋友诸闻韵的推荐下，潘天寿任上海美术专科学校中国画实习教席，同时做一些抄写工作。上海民国女子工艺学校的课他依然教授。一个偶然的机会，潘天寿被临时安排带毕业班的创作课。第一节课，潘天寿刚走进教室，就发现学生已经给他准备好了笔墨纸砚。很显然，学生是想考验一下这个跟他们年纪差不多大的年轻老师。潘天寿不慌不忙地按照学生提出的各种要求作画。那一堂课，潘天寿赢得了学生的信任和敬重。潘天寿所作的画让闻讯而来的校长刘海粟很是

刘海粟

原名刘槃，字季芳，号海翁，室名艺海堂、存天阁。江苏武进县（今常州市武进区）人。新美术运动的拓荒者，我国现代艺术教育的奠基人，以其中国画、油画、诗词、书法、美术史论等方面的卓越成就享誉中外。

上海美术专科学校　　　　　　　　20世纪30年代的上海外滩

惊讶。刘海粟觉得潘天寿的绘画水平完全可以胜任正式讲师的职位。两个月后，校长亲自请潘天寿增设中国美术史课程。1924年，潘天寿被聘为上海美术专科学校国画系教授。

1926年，潘天寿出版了《中国绘画史》。这是他在上海美术专科学校开设中国美术史课的过程中，将理论结合教学实践，将心得体会讲授给学生，在综合、融会、博采众长的基础上写就的经典之作。该书在学校师生中产生了极大的反响。《中国绘画史》由商务印书馆出版。

上海美术专科学校的课堂　　　　　　　　潘天寿所编《中国绘画史》

垂杨系马图 潘天寿 133cm×40cm 1924年 纸本设色

垂杨系马图（局部）

2. 抱着字画去拜师

在被聘为上海美术专科学校教授后,潘天寿心中便有了去拜访"海上画派"大师吴昌硕的底气。1924年的一个下午,他抱着一卷自己精心挑选的书画作品前往吴昌硕先生的居所,去拜访老先生。其实,潘天寿在浙江一师求学时就很敬佩吴老先生,很喜欢他的画和书法。而那时,吴昌硕先生已经是八十来岁高龄的老人了,他在画坛的地位已经达到了辉煌的顶点。

当潘天寿鼓起勇气敲开吴老先生家的那扇大门时,惴惴不安的潘天寿没有想到,这位自己仰慕已久的大师,竟然把自己带来的每一幅作品都非常细致地看完了,还欣喜地赞叹道:"阿寿,你画得蛮好,有自己的面貌,不简单。"接着,久不见客的吴老先生显得格外兴奋,拉着潘天寿的手上了二楼。在从不轻易让外人进入的画室里,他与这位比自己小近60岁的青年相对而坐,谈诗论画,直到深夜仍意犹未尽,仿佛见到了久别重逢的老友。

老先生还特意留下了潘天寿的一幅画。老先生的称赞,让潘天寿欣喜不已。

潘天寿在后来的回忆中写道:"第二天(先生)就特地写成一副集古诗句的篆书对联送给我。

空山幽兰图 潘天寿
69cm×34.5cm 1925年 纸本水墨

吴昌硕

初名俊、俊卿，字昌硕、仓石，别号缶庐、苦铁、破荷亭长等。浙江省安吉人。为"海上画派"代表人物，是20世纪初期杰出的中国画家。他在诗书画印合一的传统基础上进行了创造性的发挥，将文人情怀与市民审美时尚相化合，成为20世纪文人画向现代转换的拓路人。

珠光 吴昌硕 139.5cm×69.5cm 1920年 纸本设色

上联是'天惊地怪见落笔'，下联是'巷语街谈总入诗'。"这副对联显然表达出当时吴昌硕先生对潘天寿画作和才情的高度认可。潘天寿也知道吴昌硕先生极少以这种形式夸奖晚辈，因此也让他有了继续接近吴老先生的勇气。

3. 吴昌硕和我

当潘天寿真正成为吴昌硕先生的弟子时，却发现学艺之路并不平坦。

有一天，当潘天寿带着自己新画的山水画给吴昌硕先生看时，老人只是"嗯"了一声，没说别的。这使潘天寿感到很不安。第二天，吴老先生差人把他所作的一首七古长诗带给潘天寿。此时的潘天寿认为自己很有天分，常常自鸣得意。吴昌硕先生写这首诗就是为了告诫他，要学古人、重功夫、循序渐进，不可太心急。

可是，在克服随意落笔、横涂直抹的缺点时，潘天寿又遇到了另一个让他苦恼的大问题。他发现，自己的画居然越来越像吴昌硕先生的作品，无论是笔墨构图还是意韵情趣，都摆脱不掉老师的影子。在相当长的一段时间里，因为找不到出路，他完全画不下去了。正巧因为要编撰教学用书《中国绘画史》，他干脆搁下画笔，一心扑在书稿的写作中。

正是这段理论研究的经历，开拓了潘天寿的思路。当他从绘画史的深度思考中审视自己遇到的问题时，他开始明白，师古人、学法度固然重要，但最重要的是能够创造出属于自己的独特画风。

一年后，吴昌硕先生看到潘天寿带来了具有强烈个人风格的全新作品，感到异常欣喜，他随即叫来身边所有的弟子，指着潘天寿的画说："阿寿学我最像，跳开去又离我最远，大器也！"

1926年是潘天寿闯荡上海的第四个年头，这时，他的身份已经从一个乡下来的小学教师，变成了一位大名鼎鼎的美术专科学校教授。作为"海上画派"大师首肯的高徒、上海画坛备受瞩目的新秀，潘天寿已然成为家乡人的骄傲。

问题来啦！

潘天寿为什么曾经有段时间画不下去了？

A. 因为自己画得不够好。
B. 因为自己画得太好了。
C. 因为自己画的画没有自己的风格。
D. 因为画室里有老鼠。

我选（　　）

拟缶翁墨荷图　潘天寿　138.5cm×68.3cm　1927 年　纸本水墨

玉蜀黍图　潘天寿　30.7cm×33.2cm　1929 年　纸本水墨

黄菊图　潘天寿　33.5cm×34.1cm　1929年　纸本水墨

拜师学艺

有一天，潘天寿拿着自己近期的作品给老师吴昌硕看，吴昌硕借一首诗告诫他，学古人不要心太急。后来潘天寿看着自己的画，意识到和老师的作品竟然如此相像，于是他放下画笔开始编撰《中国绘画史》，并从中寻找到了思路。

叁·中流砥柱

因为有10年的国立杭州艺术专科学校安定平静的生活，潘天寿对文人画的内涵有了更深入的理解。他逐渐形成了自己鲜明的艺术风格。抗日战争的经历对他的创作也产生了影响，各地的山川、人文景观又给他提供了造化自然的粉本，他的作品已向"至大至刚""登峰造极"发展。在这个时期，潘天寿的绘画功力更加厚重，作品的画面流露出磅礴的气势，与之前的作品相比也更加明亮。画的尺幅更大，大尺寸画作增多。

潘天寿是一个极有个性的人，表现在作品中就是"力大"，而"力大"是由墨线表现出来的，即铁线。他用力于线，使得许多造假者望而却步，特别是20世纪50年代以后，笔线之力越来越老辣，比如画面中有大块石面，并没有其他的点缀，石块占据整个画面的二分之一，这是潘天寿特有的画石法。

纵观潘天寿的艺术道路，他的作品在胆魄大、气势恢宏的特征下，有一个从"一味强横"到"一味霸悍"的过程，一个从躁动飞扬到沉着凝重的过程。

第一章 平静的西湖

1. 再遇西湖

1927年12月底，南京国民政府大学院通过了院长蔡元培的提案：筹办国立艺术院。蔡元培同时也为学院选址杭州，因为这里风景优美，人文底蕴厚实。

国立艺术院委派艺术教育委员会主任林风眠具体负责筹建。林风眠曾留学法国，回国后由蔡元培提名任北平艺术专科学校校长。

筹建者从国立第三中山大学（浙江大学前身）校长蒋梦麟那里借了罗苑作为校舍，又向市政府租了一些房子，三个月后学院开学。蔡元培亲临庆典现场。他对学院的师资非常满意，学院共聘请二十几位名教授，另有近十名外籍教授。中国教授中有多名主任教授：西画主任教授吴大羽、国画主任教授潘天寿、雕塑主任教授李金

在教学中，潘天寿始终坚持自己的主张，努力使处于中西绘画激烈交战中迷茫的学生明白更多的道理。

蔡元培

字鹤卿，号子民，乳名阿培，并曾化名蔡振、周子余。浙江绍兴山阴县（今浙江绍兴）人。近代革命家、教育家、政治家，倡导"以美育代宗教"。

发、图案主任教授刘既漂、音乐主任教授李树化等。

阔别八年后，潘天寿又回到了杭州。再回来时，他已不再是当年那个浙江一师的穷学生，而是国立杭州艺术院的国画系主任。

其实，离开上海，潘天寿是有着自己的考虑的。在上海，他得到了"海上画派"领袖吴昌硕的指点和器重，结交了许多对自己艺术发展有很大帮助的朋友；在上海，他走进了美术院校，成为一名教授，一位知名画家。这些对于一名来自浙东的乡村小学教师来说，是很高的起点。但是，上海过于繁华，会磨去一个艺术家应有的进取锐气，也会消耗他的艺术生命。有了这些考虑，当林风眠亲自前往上海聘请潘天寿时，潘天寿便欣然同意。潘天寿离开已

荷塘 林风眠 68cm×68cm 20世纪80年代

林风眠

原名林凤鸣，生于广东梅县。画家、艺术教育家。历任国立北平艺术专科学校（中央美术学院前身）校长、国立杭州艺术院（中国美术学院前身）首任院长。

定居五年的上海，回到杭州。

2. 只有两个人的课堂

1928年，潘天寿在国立杭州艺术院任教不久后，发现这里并不是他希望的那样。当时国立杭州艺术院开设的课程是以油画、雕塑、图案等专业为主；教师中的绝大多数都有过留学西方美术院校的经历。此外，国立杭州艺术院还聘请了一批外籍教授，而国画系只有两位教员。

1929年3月，国立杭州艺术院开办后的第二个学期，林风眠决定撤销国画系，与西画系合并成绘画系，学校也更名为国立杭州艺术专科学校，也就是人们常说的"杭州艺专"。为了让回国的教授有课上，中国画则每周只有一个半天的课。这种教学方式明显地影响了学生，几十年后彦涵先生回忆道："当时国画不甚景气，选修学生不算很多。可是潘先生对待自己的课务异常负责，他上课是每堂必到，记得教室里只有我一个人，他也从不置弃。每当出现这种情况时，他总是隐约地露出失望的神色，而又亲切地说：'就你一个人。'"

已过而立之年的潘天寿又一次感到了空前的孤独，面对大时代的艺术

问题来啦！

潘天寿为什么要离开上海重新回到杭州？

A. 因为他在上海待的时间太长了。
B. 上海太繁华了，会消耗他的艺术生命，他想在艺术道路上有更好的发展。
C. 他想念他的家人了。
D. 没有原因。

我选（　　）

潮流，他深感有失偏颇，却无力改变现实，只能埋头按照自己的方式坚持创作。在教学上的崎岖并没有止住潘天寿探索的脚步，他与诸闻韵等人联合创办了白社，在教学活动之余极力促成白社国画研究会的活动。

从潘天寿这一时期的代表作品中可以看出，或许是因为内心与时代潮流抗争的欲望过于强烈，一种为了呐喊而迸发出的惊人力量，自然地流入他的绘画中。此时，他的笔触开始变得强劲老辣。

墨笔花　潘天寿　33.7cm×40.6cm　1931年　纸本设色

3. 我的好朋友李苦禅

在国立杭州艺术专科学校,还有一位著名国画教授——李苦禅。时任校长林风眠曾经说过:"潘先生为吴老缶弟子,苦禅是白石门生,可谓南北艺坛之写意集中杭州了!"李苦禅师从齐白石先生,齐老称李苦禅画的花鸟是"思出人丛";潘天寿师出吴昌硕先生,吴老称其为"一味霸悍"。李苦禅比潘天寿小两岁,一同任教于国立杭州艺术专科学校,两人朝夕相处,结下了深厚的友谊,李苦禅还将潘天寿的绘画作品寄给在北平(今北京)的齐白石。

在教学上,潘天寿和李苦禅配合得很好,他们在中国画教学上有着相似的认识。

50年后,李苦禅回忆说:"尤其是看到了他那指墨的荷叶,回想当年,我们为了表现自己的感受,不拘成法地探求,尝试着各种笔墨技巧。为了得到满意的笔墨效果,我们一方面研究八大、石涛等画家的用笔,另一方面试用多种绘画的工具,如以指头、笋壳、棉絮来作画。"

潘天寿与李苦禅两人都喜欢画鹰鹫,但风格迥然不同。李苦禅先生的鹰,造型非常简练,具有一种雄伟的气魄;而潘天寿笔下的鹰粗犷霸悍、

李苦禅

原名李英杰、李英,字超三、励公,山东高唐人。擅长画写意花鸟画,画风质朴、雄浑、豪放。1923年拜齐白石为师,在齐白石的指导下,画艺大进。曾任国立杭州艺术专科学校教授、中央美术学院教授、中国美术家协会理事、中国画研究院院务委员。

气势磅礴、威风凛凛、趣韵无穷。潘天寿在画鹰鹫方面吸收了李苦禅用笔用墨的随意和简约；李苦禅借鉴了潘天寿在创作时的画面取势。后来画坛上称两人为"南潘北李"。

鹫石 潘天寿 128.5cm×64.5cm 1958年 纸本设色

远瞻山河壮 李苦禅 136.5cm×69cm 1979年 纸本设色

游戏时间

　　这是潘天寿先生画的小鸽子。拿起你的画笔，也画一只可爱的小鸽子吧！

松梅群鸽（局部）

两个人的课堂

1929 年，林风眠决定撤销国画系，并将国画系与西画系合并成绘画系。当时的国画不甚景气，甚至有时潘天寿上课时只有一名学生。

山居图 潘天寿 尺寸不详 1931年 纸本水墨

瀑声翻石壁 潘天寿 74.5cm×31cm 1931年 纸本设色

第二章 飘摇中的创新

1. 坚持做我自己

1937年卢沟桥事变，抗日战争全面爆发。两个月的时间，战火就蔓延到了杭州。12月23日，为了阻挡日寇的进攻，中国军队炸断了刚竣工一个月的钱塘江大桥，但这并不能阻挡日军的侵略。第二天，杭州沦陷。1938年3月，国立杭州艺术专科学校和国立北平艺术专科学校奉命合并，更名为国立艺术专科学校。校址设在湖南沅陵，任命滕固为国立艺术专科学校校长。

滕固是名注重业务的学者，不愿卷入教师间的复杂斗争，而着重于学校教学事务。他非常欣赏潘天寿这样的人，善于团结和任用他们。潘天寿在教学观念上与林风眠存在分歧，多年来始终坚持自己的主张。在一次教务会议上，潘天寿明确地提出中西画分科的教学设想，赢得了一批国画教师的响应。滕固校长十分赞同，并组织制订相应的教学计划；同时，大大增加

在战火频仍、社会动荡的时期，校址几经搬迁。如此颠沛流离的生活，潘天寿却始终坚持在教学的第一线，对艺术的追求始终没有放松。

1938年夏，国立艺术专科学校师生在湖南沅陵

磐石墨鸡图　潘天寿　68cm×135cm　1948年　纸本设色

了中国画的课时量，以加强其独立性和专业性。

潘天寿一向主张：一个民族的艺术是这个民族的精神结晶，所以振兴民族艺术与振兴民族精神有着密切的关系。画中国画时，如果只是模仿古代的人，不推陈出新，是不能够做到最好的。画油画的时候，如果只是一味地模仿外国人的画法，而没有自己的民族精神在里面，就成了"洋奴隶"。

潘天寿在教学中，以深入浅出的方式，努力使处于中西绘画激烈交战中心中迷茫的学生明白许多道理，然后再让他们自己去判断是非。

滕固

原名滕成，字若渠，生于1901年10月13日，江苏宝山（今属上海）人。是颇具成就的美术史论家、作家，擅长诗词书法，尤其喜欢画荷花。

2. 甜的和酸的

1943 年底，教育部致电潘天寿，希望他主持国立艺术专科学校校务。但是潘天寿拒绝了，并致电教育部部长陈立夫，"惭愧无已，但事艰力薄，深虞勿胜用"，以表明这件事情的艰巨，凭自己的力量做不到，并退回了汇来的 3000 元路费。陈立夫到国立艺术专科学校视察时看到学生在画裸体模特，对此十分反感，也正是因为这个原因，他执意聘请一位中国画教授当校长。1944 年 6 月，陈立夫会见潘天寿，再次邀请他出任校长。在各方面的努力下，潘天寿接任国立艺术专科学校校长。

1937 年到 1944 年，因为战乱迁校址、合并学校等原因，国立艺术专科学校换了几任校长，滕固、吕凤子、陈之佛先后任校长。

1945 年，潘天寿接任校长后，经过一系列的改革，国立艺术专科学校面貌焕然一新。

潘天寿就任后，对教学队伍进行了调整，谢海燕出任教务长，吴茀之为国画系主任，他还把已经离开学校的老教授请了回来。潘天寿用人精挑细选，采用"教授治校"的方法管理学校。他像当年在浙江

古柏 吴茀之 138cm×34cm 1934 年 纸本水墨

一师的恩师经亨颐、李叔同那样，主张身教重于言传，用高尚的人格感化师生，并锐意改革，整顿校务，加强教学，力图重振国立艺术专科学校，重振中国传统艺术。同时，他还聘请持不同艺术观点的教授任教，专门派人去请林风眠来执教。这种做法，使那些持不同学术观点的教师停止了争斗，共同致力于教学。

为了弥补国画系无人讲授治印课的缺陷，他利用课余撰写了《治印谈丛》，分述治印流派、名称、选材、分类、体制、印谱乃至具体操作，使之在作为教材的同时，成为这个领域较有价值的参考文献资料。

潘天寿像当年浙江一师的经亨颐校长一样，对学生参与的政治运动，不分政党派系，只要是抗日的一律支持，这也引起了一些人的反对。最终，他被卷入一场人为操纵的"倒潘"运动。但潘天寿并没有做什么特别的解释，继续默默地工作。教育部不允许学校这样无章法，通电全国澄清事实，学生们也纷纷起来保卫德高望重的潘校长，通电全国声明"倒潘"只是少数不法分子所为。

最后，身心俱疲的潘天寿下了决心辞去校长之职。一开始教育部并不同意，但是由于潘天寿的坚决，教育部部长终于同意潘天寿辞职。

吴茀之

吴昌硕的传人之一。初名士绥，字茀之，后改名谿。浙江浦江人。擅长写意花鸟，间作山水、人物，工于书法，篆、隶、行、草样样精通，并注重以书入画，其画造型简括夸张，取法自然。

没有了让人烦恼的行政事务，潘天寿又回到了20世纪30年代做教授的环境中，他可以专心地教书，专心地作画，专心地研究，他的许多代表作都出于这一时期，如《看山终日行》《八哥》《松》《烟雨蛙声》《旧友晤谈图》《灵芝》《鸡石》《垂杨系马》《濠梁观鱼图》《行乞图》《读经僧》等。

这一时期的潘天寿在思想上似乎是向往老庄哲学，这可能与他的生活阅历有关，也是传统文人的一种本色，就像古人所说的"达则兼济天下，穷则独善其身"。他也曾作诗言志："不入时缘从我好，聊安懒未与心违。"

濠梁观鱼图 潘天寿 154cm×32cm 1948年 纸本水墨

灵芝　潘天寿　132.5cm × 45.2cm　1948 年　纸本设色

松鹰图　潘天寿　149cm × 40.5cm
1948 年　纸本设色

旧友晤谈图　潘天寿　90.7cm×40.5cm　1948年　纸本设色

旧友晤谈图（局部）

3. 爬了好多山，画了好多画

从 1937 年至 1945 年，潘天寿辗转东南、西南诸省，颠沛流离的生活与前十年的平静生活相比差别太大，但他对艺术的追求依然没有放松。

潘天寿始终坚持在教学的第一线，为了能够一直从事美术教育工作，他曾四次离家，远赴学校。

在这八年多的时间里，战火并未能阻断潘天寿对艺术的追求。虽然这期间他过得十分艰辛，但他依然坚持创作。战争的苦难从另一方面给了他创作的热情和素材。学校南迁到昆明时，为躲避空袭将他们疏散到呈贡县（今昆明市呈贡区）安江村。他们租古庙作为校舍，条件极差。闲暇的时候，潘天寿与吴茀之、张振铎骑着马到深山里去寻找元代的古庙盘龙寺。当找到那座寺庙后，潘天寿触景生情，那一天他写了六首七绝诗。

抗日战争期间，随着学校的频繁迁移，潘天寿先后去了华山、武夷山、嵩山、黄山、雁荡山等名山。这些经历对创作尤其对中国画画家的创作是有很大帮助的。潘天寿曾经说过："荒山乱石间，几枝野草，数朵闲花，即是吾无上粉本。"他在这一时期创作的很多作品就很能说明这一点，此时他所创作的湘江竹灵秀、黄山松苍劲，都有着以自然为粉本的痕迹。

鹰石山花图　潘天寿　183cm×142cm　20世纪60年代　纸本设色

浅绛山水图 潘天寿 107.9cm×109cm 1945年 纸本设色

问题来啦！

你觉得《鹰石山花图》美吗？为什么呢？

A. 很好看，画面上的老鹰画得特别生动。
B. 不好看，因为看不懂。
C. 很好看，因为我喜欢老鹰。
D. 不好看，我不喜欢大石头。

我选（　　）

扩展阅读 潘公石

潘天寿作品中经常出现单纯大石块的构图，石块可占据画面的三分之一，甚至二分之一。创作中这种大石块经常出现"流飞分现"，成了潘天寿的一个特色，美术界称之为"潘公石"。吴茀之在《潘天寿画册》的序言里这样评价：

"潘公石"一般在画面中占据着重要的位置，石头本身只是简单几笔勾出，画面很"空"，但也正因为"空"，观者才能进入"实"，进入潘天寿的世界。"潘公石"的内涵以后还在不断地充实，但它的初步形成是在这一时期。

这幅画是潘天寿晚年艺术鼎盛期的杰作。山石纯用简括刚劲的书法笔线进行勾勒，不作传统的皴擦之法。一块占五分之四画面的巨石，典型的"潘公石"，笔线老辣有力，笔笔交代得清清爽爽，并以烂漫山花和有节奏的苔点点缀，极有章法。

雄视 潘天寿 347.3cm×143cm 年代不详 纸本设色

边躲战乱边画画

抗日战争时期，潘天寿虽然过着颠沛流离的生活，但随着学校的迁移，他先后去了不少名山大川，这一时期的作品也皆以自然为本，画作中透着灵透的气息。

第三章 洞底起高山

1. 不画画的画家在做什么呢

从中国美术学院档案室保存的档案资料中，我们可以看到，1953年，潘天寿的名字从教学人员的名单中被划掉，校方不让他再上课，而是安排他到民族美术研究室工作，负责整理民族文化遗产。

研究室和教研室，仅细微之别，却让潘天寿失去了开课授业的权利。虽然与有的教授改行做誊抄员相比，研究室还算是没有脱离专业，但当时潘天寿的心情是非常痛苦的。

潘天寿不是一个随遇而安的人，但他也是一个能够很快正视现实的人。他每天准时上班下班，运用自己的学识整理民族文化遗产。

中华人民共和国成立初期，由于中国的传统绘画较难直接表现现实生活，因而当时的艺术教学比较重视人物画、年画、连环画、宣传画，而对于传统的山水画、花鸟画有所忽视。

在这样的背景和形势下，潘天寿在抗战时期恢复的国画系再次被撤消，与西画一起合并为绘画系。同时，学校要求已经被迫离开教学岗位的潘天寿改画人物画。

由于无法继续从事教学工作，潘天寿在古画、碑帖收藏上为学校和中国画事业作出了巨大贡献。

潘天寿根据自己下乡体验生活的经历来创作人物画。为了将人物画画得逼真，潘天寿一连几天茶饭不思，为此耗费了大量心血，但作品展出后，连学生们都不以为然。

新的艺术潮流使学生们对中国传统绘画嗤之以鼻，大家纷纷放下毛笔，以空前的热情投入到以素描为基础、以写实为标准的美术学习中。

无奈之下，被安排在民族美术研究室里无事可做的潘天寿，主动提出和几个教传统国画的老先生一起，为学校搜集古代名家名作。

有一天，一个名叫陈继生的古画掮客来到研究室，他送来一幅元代王蒙的山水画。潘天寿等几位老师看后一时难以判定真伪，再一问价钱：90元。当时吴昌硕的小中堂只要七八元，一幅册页只要一两元。不过，这幅画若是真品，这价又低了。1949年以前，一个日本人曾想要买下王蒙的一幅《青卞隐居图》，为了能让这一国宝留在国内，美丽牌香烟的老板最后用可买一条弄堂房子的价钱将其买了下来，后由上海博物馆收藏。于是潘天寿又请黄宾虹等专家帮着鉴定，最后以70元的价格将其买了下来。

青卞隐居图　王蒙　140cm×42.2cm　元代　纸本水墨

湖滨山居 黄宾虹 32cm×90cm 1947年 纸本设色

就这样苦心经营，积少成多，潘天寿在古画、碑帖收藏上为学校也为中国画事业作出了贡献。也正是由于潘天寿在这一时期主持这项工作，为学校搜集到许多古画资料，学校在收藏古画、碑帖方面居全国美术学院之首。

黄宾虹

原名质，字朴存，生于浙江金华，祖籍安徽歙县。中国近代山水画画家，为山水画一代宗师。早年受"新安画派"影响，其画风以干笔淡墨、疏淡清逸为特色，为"白宾虹"；80岁后以黑密厚重、黑里透亮为特色，为"黑宾虹"。

2. 雁荡山，难忘的一天

位于浙江省南部的雁荡山，神奇险峻、山清水秀，总能吸引大量游客的到来。在历史上，雁荡山也是众多文人墨客驻足的地方……而在1955年，这座名山注定还要以它亿万年的雄浑与挺拔，推动着又一位大师走向艺术的辉煌顶点。

1955年初春，中国画迎来了新的生机，为了创作歌颂时代的新山水画，中央美术学院华东分院（国立艺术专科学校在1950年改称中央美术学院华东分院）组织师生到雁荡山写生，体验生活。早已离开教学一线的潘天寿，这次也跟着写生的队伍来到雁荡山。当师生们纷纷支好画具，对景描绘的时候，只有潘天寿独自一人，在这里遛遛，去那里看看。谁也没有想到，就是在这种看似漫不经心的游玩中，潘天寿有了意外的发现。

雁荡归来，潘天寿立即在家铺纸挥起画笔，创作了《灵岩涧一角》，他在山中的意外发现就隐藏在这幅作品中。

从此以后，潘天寿不断强化这一风格，画面的气韵更加雄浑、强悍，传递出新时代人们内心滚烫的激情和蓬勃向上的精神。他的这种全新的创作方式，也逐渐获得美术界的认可。

创作上的突破，让潘天寿更加坚定了自己对中国传统绘画价值的判断。也就是在1955年，他在全国文艺思想讨论会上表示：任何民族都有民族的文化，任何民族的新文艺，不能割断历史来培养和长成。而"号召世界主义文化，是无祖宗的出卖民族利益者"。

扩展阅读 『灵岩涧一角』解读

《灵岩涧一角》是潘天寿雁荡之行的成果,画面上题有"画事以积墨为难,兹试写之,仍未得雁山厚重之致"。似在探索积墨表现雁荡厚重的适用性。在此画中,他进行了几个方面的突破。

在这幅作品上,潘天寿充分地展现了他的笔墨功力。用大笔勾勒山石轮廓,用疾雨般的积墨点来表现灵岩涧草木的郁郁葱葱,双钩填色画出山石中顽强生存的小野花,溪水部分完全留白。笔墨的高品格追求、虚实相生的布置,处处体现出潘天寿对传统的坚持和继承,而取景、构图、意趣方面却又是新的,这正是潘天寿的"传统出新"。这样的创新,立足传统精髓,回应时代命题,同时充分展露个人艺术特色,这才是真正的创新,也是中国画未来发展的正途。

灵岩涧一角　潘天寿　119.7cm×116.7cm　1955年　纸本设色

记写雁荡山花　潘天寿 150.2cm×346.9cm 1962 年 纸本设色

画上趴在岩石上的两只青蛙很别致，它们的出现加强了画面的动感和生气。前面那一只似乎还若有所思呢。

勾勒巨石的线条刚劲有力。

用笔浓淡枯湿相结合的苔点，既增加了画面的厚重感，又统一了画面。

为使这些山花幽草表现得更鲜明突出，采用了双钩重彩画法。

先春梅花图轴　潘天寿　68cm×49cm　1963年　纸本设色

雁荡山

1955 年，潘天寿和美院师生来到雁荡山写生。当大家都在对景写生时，潘天寿却独自一人在这里遛遛，到那里看看。回家后，潘天寿创作了有名的作品《灵岩涧一角》。

第四章 一味霸悍

在教育上，潘天寿梳理系统、增设专业、加强教学，进行大刀阔斧的改革；在艺术上，他潜心思考，艰苦探索，登上新的艺术高峰。

1. 一场成功的教育改革

1957年，潘天寿被任命为中央美术学院华东分院副院长。他上任后的第一件事就是抓中国画教学。彩墨系主任邓白在创办了工艺系后便离任，吴茀之接替了彩墨系主任这一职务。潘天寿和吴茀之又将中国画专业分为人物画、山水画、花鸟画三科进行专业化教学。

在潘天寿的主持下，中央美术学院华东分院不久又恢复了中国画系。而在随后的招生考试中，又将中国画系原定的素描考核改为中国画写生。新生一入学便使用毛笔作画。潘天寿还主动承担了一年级书法和二年级山水画、花鸟画专业的古诗词与题跋课教学，吴茀之则增设了中国画概论课教学。一时间，教学工作进入了井然

1963年，潘天寿给国画系花鸟班学生上课

有序的状态。

潘天寿在坚持中国画系相对独立，人物画、山水画、花鸟画分科教学的同时，还增强师资力量，加强教材编写，对古人关于章法构图等零散的画理画论加以系统整理和阐释，使中国画教学向理论化、学科化方向迈进。

后来，他又倡议开办书法篆刻专业，并亲自选定教师，审定教学大纲，且对招生的事宜也十分关心。当发现开办书法专业缺少教学资料时，潘天寿一次性捐献了自己的几十件书法珍品。新中国第一个书法篆刻专业就这样创办起来。

1958年，苏联在世界范围内选举七位艺术家为苏联艺术科学院名誉

梅雨初晴　潘天寿　107cm×107cm　1955年　纸本设色

院士，名列榜首的就是中国的潘天寿。

2. 我终于成功啦

在投身于教育事业的同时，潘天寿个人也坚持不懈地进行中国画创作。从 1955 年到 1963 年这段时间里，尤其在 1958 年前后，他的绘画又步入了更为深远的新境界，这成为他一生艺术活动中的第二个高峰。在他一生数以千计的作品中，这一时期的作品可谓精华。其代表作有《梅雨初晴》《雁荡花石》《江山如此多娇》《抱雏图》等。

经过一段彷徨时期和艰苦的探索之后，潘天寿在绘画上不但形成了自己有别于他人的绘画风格，还超越了自我；不但去除了画面上浮于表面的笔墨造势，且更多地以外在的平静来蕴含内在的霸悍之气。而这些来自他多年对唐代以来传统绘画的深入研究和笔墨锤炼。

潘天寿考虑到当时中国画坛的现状：山水画、花鸟画和文人画的争论浮于表面，相持

百花齐放图　潘天寿　78.4cm×52cm　1959 年　纸本设色

不下。而当时中国社会的现实是：人们更注重反映时政内容的人物画，而对山水、花鸟画却越来越淡化。为了进一步弘扬中华优秀传统文化，继承中华民族艺术的优良传统，激励年轻一代开创新时代中国山水画和花鸟画新风，潘天寿决定试一试，积极准备开画展。为了这个画展，他付出了比以往更多的努力。

1962年9月中旬，"潘天寿画展"在杭州举行预展，反响非常好。同年9月30日至10月21日，在北京新落成的中国美术馆，"潘天寿画展"进行了长达22天的展出，并在全国引起极大的轰动。中国美术家协会在北京召开了座谈会；《美术》杂志发表了吴茀之介绍潘天寿艺术的文章；《光明日报》整版刊登了潘天寿的作品，并发表邓白的评论文章。他们对潘天寿的艺术成就大加赞扬。此次展览使潘天寿享誉海内外。

欲雪　潘天寿　67cm×57.9cm　1962年　纸本设色

新放　潘天寿　60cm×53.3cm　1963年　纸本设色

江山如此多娇　潘天寿
72cm×30cm　1959 年　纸本设色

泰山图　潘天寿
247cm × 79cm　1964 年　纸本设色

扩展阅读 雁荡山花

潘天寿的绘画作品中有很多是以奇取胜的，以平取胜，又是他的另一个突出成就。许多平常不引人注意的小东西，到了他的笔下，竟奇迹般地成了极不平凡的生动有趣的艺术形象。他的绘画作品体现出一种化平凡为神奇的魅力。大部分的画家到黄山、雁荡山写生时，总是着眼于名胜浩瀚的风景，而潘天寿却别有会心，在荒山乱石之间留意，并细心观察，搜集那些山花野草作为他的无上粉本，并运用自己独特的风格和高度的艺术技巧，使默默无闻、不登大雅之堂的山花野草，变成了新奇出色的题材。不止一次被他描绘过的雁荡山花，仅用几枝野竹和几种杂草山花作为主体，高低穿插，虚实相生，就呈现出顾盼多姿之态，墨色与丹青掩映，尽态极妍，谁能说它比名花异卉逊色呢？

雁荡山花图 潘天寿 122cm×121cm 1963年 纸本设色

第五章 "超人"潘天寿

1. 以指代笔

指墨画是中国画中异军突起的一个品种，它舍弃了国画的主要工具——毛笔，大胆地打破了原本的条条框框，用手指代替了毛笔，创作出生动传神、具有高度艺术趣味的艺术作品，独树一帜，独步画坛。

潘天寿的指墨画是他的艺术生涯中十分突出的部分，甚至超越了毛笔画成就。这并不是溢美之词。他的指墨画作品从数量到质量，都可以证明他对指墨画所下的功夫极深。

潘天寿指墨画创作的最大特点亦正如他所说的"指力能扛鼎"。对"力量"的表现，是潘天寿画风的特征，而这在指墨画中表现得尤为突出。指墨画适用于泼墨大写意，而善画大画的潘天寿将这一点发挥得淋漓尽致。他于1964年创作的《岿然》，并没有对画面上的山石、松树进行细致刻画，山石用线条勾棱角，甚至连苔点都不画，松树则用浓墨画出主要枝叶。

指墨画的力，并不仅仅在大题材上表现，一般的题材同样可以表达出"力透纸背"的效果。潘天寿创作于20世纪40年代的《蛙石》，即一块巨大的石头占据了画面的三分之二，除少许墨点外并无他物相扶。巨大的石头上有一只水蛙，它的身子向下

潘天寿的画浑厚凝重。他的书法霸悍奇崛，充满金石气。篆刻在章法上出奇制胜、别开生面，在运笔运刀上骨峻力道、含蓄醇厚。他的诗词亦戛戛独造、超然突出。潘天寿已然是诗、书、画、印俱全的艺术大家。

伏低，像是要跳入水中。

　　潘天寿的指墨人物画亦十分精彩。其《读经僧》创作于1948年，其中老僧的头部以线条勾出外形，其余皆"乱头粗服"，胡须、僧衣全用涂抹，如放在其他处，这是粗犷之笔，但置于此处立显面壁禅悟的静谧，意味深长。

　　他的另一部分指墨画，只有寥寥几笔，却给人一种新颖和充实的美感，简而不简，以简寓繁。《墨梅》立轴，画面下半部分只露出半根老枝干，右上角倒垂而下的枝丫上点缀了几朵梅花，其余地方都是空白的。这种高度概括的手法和奇特构图，是从千锤百炼中得来的。

　　潘天寿指墨画作品多，精品也多，如他笔下的典型题材"鹰""僧""荷"，都有指墨画作品问世。

墨梅　潘天寿　76cm×42cm　20世纪60年代　纸本水墨

读经僧　潘天寿　68cm×136cm　1948年　纸本设色

2. 天天写字

潘天寿的书法有很深的功力和独特的风格，当人们看过他变化多姿的墨迹时，都会深深地折服。甚至有人认为他的书法比绘画成就更高，也有人说他的书法中有画的意境，有诗的韵律。

潘天寿一生对书法颇为用功。他有一个习惯，每天早上起床后的第一件事情就是临摹字帖，寒暑无间，一直到晚年他都坚持这一习惯。他甚至这样说："可以一天不画画，但不能一天不写字。"他的书法成就，是长期刻苦练习的结果。

潘天寿在浙江一师求学时，就对书法艺术产生了浓厚的兴趣，那时的他主要是临摹魏晋时期的碑帖。后来，他又喜欢上了明朝末年黄道周的墨迹，尤其中年以后，更是致力于对黄道周书法的学习、吸收。潘天寿的书法作品中行书和隶书是最好的，这与他对"书画同源"的理解有关。他的行书之所以气韵生动、大气磅礴，就在于把绘画技法融合到书法创作当中。

隶书

隶书也叫"隶字""古书",是汉字中常见的一种庄重的字体,书写效果略微宽扁,横画长而直画短,讲究"蚕头燕尾""一波三折"。它起源于秦朝,在东汉时期达到顶峰,书法界有"汉隶唐楷"之称。也有说法称隶书起源于战国时期。

隶书是相对于篆书而言的,它的出现是中国文字的又一次大改革,使中国的书法艺术进入一个新的境界,是汉字演变史上的一个转折点,奠定了楷书的基础。隶书结体扁平、工整、精巧。到东汉时,撇、捺、点等笔画美化为向上挑起,轻重顿挫富有变化,具有书法艺术美。风格也趋多样化,极具艺术欣赏的价值。

潘天寿与吴昌硕、齐白石、黄宾虹一样,擅长篆书,但是他更喜欢隶书。潘天寿的许多中国画作品中都是用隶书题诗的。创作于 1955 年的《灵岩涧一角》,画面的左下角以隶书题字"灵岩涧一角",在画面磅礴之势中题上字,刚劲中透露出静穆之气,使书画相得益彰。

潘天寿的书法不仅在国内深受推崇,在国外也有一定的影响。1963 年,潘天寿任中国书法代表团副团长赴日本访问,交流书法艺术,获得了日本书法家的广泛重视和好评。值得一提的是,他一贯认为,书法是我国特有的一门传统艺术,历代书家留下了大量宝贵的墨迹和书法理论的丰富遗产,必须努力继承。日本书法虽然是从我国引进的,但他们很重视,书法爱好者遍于日本各地;而我国的年轻人多用钢笔,对毛笔缺乏基本功,

《灵岩涧一角》题字(隶书)　　潘天寿

更谈不上提高书法水平。因此，他主张必须培养书法人才，这是美术院校一项不能忽视的任务。在他的大力倡导下，1964年浙江美术学院（中央美术学院华东分院于1958年更名为浙江美术学院，今中国美术学院）国画系增设了书法篆刻班，使书法这一优秀传统艺术后继有人，这在国内尤是先例。潘天寿在艺术教育上不仅辛勤培养了大量国画人才，同时对书法教育也作出了不可磨灭的贡献。

有人说："没有潘天寿的书法，就没有潘天寿的绘画。"这句话虽然不够全面，但书法对于潘天寿绘画的重要作用是不可忽视的。因为他的绘画艺术的成就不仅仅在于笔墨技法功夫，还在于他的思想、学术的高度与素养。

行书

行书是一种统称，分为"行楷"和"行草"两种。它是在楷书的基础上起源发展的，是介于楷书与草书之间的一种字体，是为了弥补楷书的书写速度太慢和草书的难于辨认而产生的。"行"是"行走"的意思，因此，它既不像草书那样潦草，也不像楷书那样端正。

耐有寒香（行书）
潘天寿 126.3cm×30.4cm 1948年

游戏时间

潘天寿先生每天都会练字。这是潘天寿先生写的甲骨文，你也拿起毛笔来试试吧！

扩展阅读 书与画

潘天寿对于书与画的关系有着很深的研究。他每天都练字，不是为了成为一位出色的书法家，而是要更加流畅地运用笔法来提高国画线条的骨气和表现力。他的画就是用书法的笔法作成的，书笔和画笔对他而言可以说是合二为一，他把二者巧妙地融合成一个整体。看他的字，无论是用笔、章法还是意境等方面，都像他的画一样，艺术风格如出一辙。而看他的画，每一笔每一点，都可以从书法中找到它的来历。他的绘画作品的"纵横挥洒，力透纸背"，是从书法中长期锻炼得来的。

盆兰墨鸡　潘天寿　75cm×40.3cm　1948年　纸本设色

3. 一个大诗人

传统中国画家都很重视诗学修养。自苏轼评王维"诗中有画,画中有诗"之语一出,诗画相通之理就成为中国美学史上一个重要的论题。近代以来,诗画并举也得到了许多画家的推崇,他们也都在诗歌方面投入了很大的精力。潘天寿的老师吴昌硕先生就很喜欢写诗送给别人,以表达自己的看法。潘天寿对于诗由衷喜欢,从年轻时起,就认真研究过传统诗歌,终其一生,他都在写诗。

潘天寿对诗歌的爱好是从坚持传统出发的。后来,他在浙江美术学院专门设置了诗词课程,还主动承担了高年级的古诗作法和绘画题跋课。

1920 年,潘天寿 24 岁,刚从浙江一师毕业。在那里他受到师范教育,也得到名师如李叔同、夏丏尊的培养和教育,眼界也日益开阔,并拥有了高远的志向。但因为家中经济困难,他无力继续深造,只能返回家乡宁海,在宁海正学高等小学教书。潘天寿虽胸怀大志,却无从施展。"虽怀一介志,是时其能与?"古人的这种无奈,潘天寿在年轻的时候就已有深深的

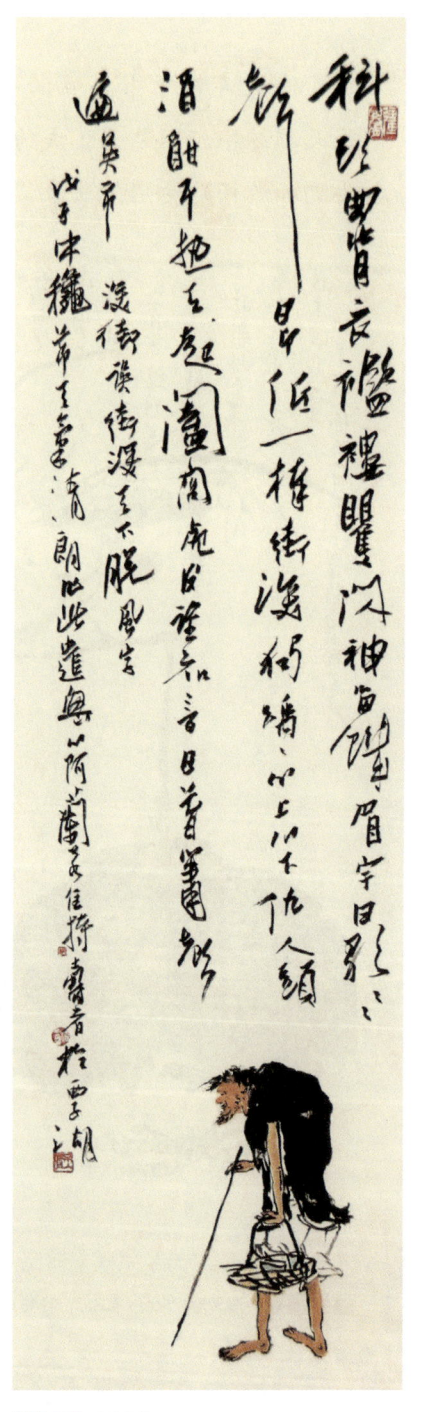

行乞图 潘天寿
118cm × 33.8cm 1948 年 纸本设色

睡鸟　潘天寿 61.5cm × 56cm 1963 年 纸本水墨

体会。

潘天寿在创作于 1921 年的《独游崇寺山桃林》六首诗前面的小序中写道:"辛酉暮春,意绪无聊,每喜独游。看花则欲与对语,问水则久自凝眸,盖别有感于怀也。"潘天寿在无聊之时,喜欢看花问水,体悟自然,并从中获得生命之源。这是艺术家的一种孤独的体验,这种体验一直伴随他的一生。

潘公凯（潘天寿的儿子）在回忆父亲的文章中也说到潘天寿先生喜欢安静，喜欢一个人独处：在狂风暴雨中，喜欢看那种扑面而来的雄伟壮阔的气势；在深山古刹中，喜欢听那种撼人心魄的大树飘零的松涛。他要在这种静寂的甚至孤独的体验中，寻求那种生命之力，那种天籁之音。

4. 古拙沉雄"潘天寿印"

潘天寿曾说过"画家不必三绝，而须四全"，说的是作为一个画家不一定能做到诗、书、画登峰造极，但必须诗、书、画、印四全，强调了印章的重要性。

潘天寿的治印特色不是凭空出现的，而是建立在他长期钻研理论、汲取广博知识、不断开阔眼界打下的深厚基础上。在刻印章时运笔、运刀，皆动中肯綮，能很好地表达出心中所想。

到今天，我们能见到的他所篆刻的传世印章，不过十枚左右，如果仅仅用这些来品评他的篆刻的造诣，显然是不够全面的。但是，这一部分刻印已然体现出潘天寿篆刻水平的高超。

最能代表他治印造诣的，是那方他常用的"潘天寿印"，这是正宗的汉印风格，运刀全用中锋，刚中有柔。运刀沉着有力，刀笔浑融为一，笔笔见刀，刀刀见笔。汉印与秦印铸造不同，汉印不矫揉造作、草草而成，它别有意趣，古朴典雅，沉雄飞动，其不经意处正是艺术上"不可以力到，不可以巧得"的难能可贵的境界，潘天寿的治印风格力追秦汉，从这方名印上就可以很好地体现出来。他致力于汉印，但并不仅仅在于一般的模仿，他有自己的性格风度，不露锋芒，古拙沉雄。

印章在潘天寿的手中，主要是为他自己的书画服

潘天寿印

大颐

务的，两者融合在一起，相得益彰。他能够把画法、书法贯穿运用到印章上，又把印章巧妙地用在书画作品上，充分发挥了印章的功能。

潘天寿与一般人不同，他把书法绘画的技法融入印章中去，所以，他作的印章总是别具一格。他的篆刻，既有书法中凝重苍劲的笔调，又有绘画中奇绝壮阔的意境，还有诗句中深沉优雅的韵律，交织成为其独特的面貌。

菊竹图　潘天寿　89.5cm×80.8cm　年代不详　纸本设色

游戏时间

试着把印章和对应的文字用线连起来。

台州宁海人

强其骨

不雕

一味霸悍

5. 人生中的寒冬

1971年9月5日，潘天寿病逝于杭州中医院，时年75岁。这位20世纪伟大的艺术家，带着他在绘画上未了的心愿，与世长辞了。

潘天寿是用毕生精力通过眼脑手从事艺术活动的艺术家。他既有对艺术理性的研思，又有对自然真实的体认，还有对审美境界的无限神往。他努力用形象的语言向人们揭示世界的真理，由内而外地表现他自己的情感，表现他一生的思想。更重要的是，他为在现代中国画的发展道路上徘徊的人们踩出了一条新路。

铁石帆运图　潘天寿　248cm×242cm　1958年　纸本设色

南天秋雁图　潘天寿　108cm×67.8cm　1962 年　纸本设色

八哥崖石 潘天寿 261cm×143cm 1962年 纸本设色

《百年巨匠》纪录片主创团队

总 顾 问：蔡武　　胡振民　　龚心瀚　　王文章　　胡占凡
篇章顾问：靳尚谊　　范迪安　　王明明　　吴为山　　沈鹏　　苏士澍　　吕章申　　尚长荣
　　　　　濮存昕　　傅庚辰　　莫言　　傅熹年　　张锦秋　　张保庆　　张伯礼　　黄璐琦
　　　　　杜祥琬　　齐让　　鲁光
总 策 划：杨京岛
出 品 人：左中一　　周庆富　　杨京岛
总 监 制：向云驹　　杨京岛
总制片人：杨京岛
总 导 演：张艺谋　　夏蒙　　陈宏　　赵伟东　　梁碧波　　孙铁健　　寒冰　　周兵
　　　　　吴琦　　陈真　　肖同庆　　李成才　　李黎　　裔欣　　何苏六　　程工
　　　　　郁研　　孙曾田　　徐海婴　　李向虹
外方导演：比尔·艾伦霍夫（美国）
学术主持：陈传席　　王鲁湘　　朱青生　　管峻　　吴义勤
特约顾问：刘万鸣　　赵学敏　　俞惠煜　　吴为山　　阎崇年　　管峻　　王鲁湘　　刘文杰
国际版撰稿：莫言　　韦遨宇（法国）　　应良鹏
策　　划：翌武　　李萍萍　　丁吉林　　王曙章　　邹玉利　　费爱平　　罗衡　　王宁
　　　　　林卫平　　潘育浩
影视顾问：刘效礼　　张同道　　夏蒙
监　　制：雷彤　　牛彤　　李萍萍
音乐总设计：印青
主题歌作词：高峰　　莫言
主题歌作曲：印青　　程巍
主题歌演唱：廖昌永　　雷佳
解　　说：孙悦斌
本片统筹：王文雅　　王晓红
影视制片组：杨洋　　吴苏　　朴妍丹　　唐晟超　　杨璐菲　　杨礼华　　梁辉　　陈嘉昕
媒体联络组：续鸿明　　车梅　　李逸辰　　申琳　　郭畅阳　　朱昱兆

协助拍摄

美　术　篇：中国艺术研究院美术研究所　　中国美术家协会
书　法　篇：中国艺术研究院书法院　　中国书法家协会
京　剧　篇：中国艺术研究院戏曲研究所
话　剧　篇：北京人民艺术剧院
音　乐　篇：中国艺术研究院音乐研究所　　中国音乐家协会
文　学　篇：中国艺术研究院文学艺术院　　中国现代文学馆
建　筑　篇：中国建设劳动学会　　中国土木工程学会　　中国建筑学会
科　技　篇：中国科学技术协会
戏　曲　篇：中国曲艺家协会　　中国戏剧家协会
中　医　篇：国家中医药管理局国际合作司　　北京市中医管理局
教　育　篇：中华人民共和国教育部办公厅
非　遗　篇：中国非物质文化遗产保护中心